LES ÉTRANGERS

BOOK 1

UN GARÇON MYSTÉRIEUX

 **THE LANGUAGE GYM**

Imprint: Independently Published

Adapted & translated by Jérôme Nogues
Edited by: Nadim Cham

 **THE LANGUAGE GYM**

About the authors

Tom Ball is head of the World Languages faculty and teaches French and Spanish at a leading international school in Malaysia. He is an experienced teacher and veteran faculty leader with 13 years of experience, ranging from the UK, the USA and now Malaysia. An avid writer, his stories are inspired by years of traveling and working around the world, including stints as a melon picker in the South of France, a deckhand in Papua New Guinea, and a wine merchant in London. He lives with his wife, Carlota, his son, Dacho, and their two cats in Kuala Lumpur. Tom has a passion for crafting intriguing story lines, writing witty prose, and creating dynamic characters that jump off the page and come to life. His teaching career, with a proven track-record ranging from Primary to A-Level, allows him to pitch the language at a level which creates challenging, engaging, but also student-friendly academic resources.

Gianfranco Conti taught for 25 years at schools in Italy, the UK and in Kuala Lumpur, Malaysia. He has also been a university lecturer, holds a Master's degree in Applied Linguistics and a PhD in metacognitive strategies as applied to second language writing. He is now an author, a popular independent educational consultant and professional development provider. He has co-authored the best-selling and influential book for world languages teachers, "The Language Teacher Toolkit", "Breaking the sound barrier: Teaching learners how to listen", in which he puts forth his Listening As Modelling methodology and "Memory: what every language teacher should know". Last but not least, Gianfranco has created the instructional approach known as E.P.I. (Extensive Processing Instruction).

About the authors

Dylan Viñales has taught for 15 years, in schools in Bath, Beijing and Kuala Lumpur in state, independent and international settings. He lives in Kuala Lumpur. He is fluent in five languages and gets by in several more. Dylan is, besides a teacher, a professional development provider, specialising in E.P.I., metacognition, teaching languages through music (especially ukulele) and cognitive science. In the last five years, together with Dr Conti, he has driven the implementation of E.P.I. in one of the top international schools in the world: Garden International School. Dylan authors an influential blog on modern language pedagogy in which he supports the teaching of languages through E.P.I.

Jérôme Nogues has taught for over 20 years in London and in Shropshire in state and independent schools. Jérôme comes from beautiful Toulouse in the southwest of France. He is an EPI enthusiast and Head of Languages in Packwood Haugh, a small Prep School near Shrewsbury. He is the founder of 'Poésiæ' the Global MFL Poem Recitation Competition. He is, as well, Head of Digital Learning and loves running CPD sessions to help fellow teachers learn and develop their tech skills He has recently started a fast-growing YouTube channel where he reviews educational websites, apps as well as share tech tips and tricks.

DEDICATION

For Catrina
- Gianfranco

For Ariella and Leonard
- Dylan

For Dacho
- Tom

For Elena & Luc
- Jérôme

Acknowledgements

A big thanks to our friends and family for the ongoing support and patience while we work hard to produce these resources.

A special mention, as always, to the fabulous MFL Twitterati community for their support and feedback throughout the creation process of this book.

Finally, a shout-out to our editor Nadim Cham for his meticulous attention to detail and for being such a supportive and amazing colleague to work with.

Introduction

A teenage boy wakes up lying on the hot cobbles of a Toulouse street. With no memory of who he is, nor why he is in France, he sets out on a quest to discover his own identity and purpose. Following a trail of tantalising clues through the picturesque backstreets of Toulouse, he meets a cast of colourful characters, from the charming Valentina and the mysterious Hassan, to the menacing and elusive Albert.

In the **first part of a four-book series**, our protagonist searches for himself, but will he be happy with the person that he finds?

Conceived for, and with input from, iGCSE French students, the **Les Étrangers series** brings the iGCSE topic areas to life through an engaging and exciting mystery in one of the most beautiful locations in France. Thanks to its parallel texts which guarantee 100 % comprehensible input at all times; the repetition of key language items; the judicious use of cognates and choice of high-frequency vocabulary drawn from the 2,500 most frequent French words, this book is ideal for learners in the A2-B1 proficiency band.

For further consolidation we recommend the accompanying activities workbook which provides a wide range of engaging word- and grammar-focused tasks designed to engage the learner at various level of processing of the text, i.e.: spelling, word-/phrase-recognition, grammar, syntax, meaning and discourse building.

TABLE OF CONTENTS

CHAPTER 1

Sam se réveille à Toulouse... Que s'est-il passé ?

THE LANGUAGE GYM

1

Je me réveille. Il y a du soleil.
Beaucoup de soleil. J'ai chaud
et j'ai soif. Je suis par terre…

5 Je suis par terre et j'ai mal à la
tête.

Où suis-je ? Que s'est-il passé ?

10 J'ouvre les yeux. Le soleil est
radieux aujourd'hui. Il y a une
fille. Elle est grande et blonde.

Elle me regarde avec un visage
15 inquiet. Ses yeux sont bleus,
comme le ciel clair au-dessus
de moi. Elle me parle.

— Il y avait une voiture, dit-
20 elle avec un accent étrange.
Une voiture verte et puis... un
accident.

Je me lève lentement parce que
25 ma tête me fait très mal. La
fille m'aide.

— Comment t'appelles-tu ?
me demande-t-elle.

I wake up. It's sunny.
Very sunny. I am hot and I am
thirsty. I'm on the ground…

I'm on the ground and my head
hurts.

Where am I? What happened?

I open my eyes. The sun is
bright today. There is a girl.
She is tall and blonde.

She looks at me with a worried
face. She has blue eyes, like the
clear sky above me. She talks
to me.

"There was a car," she says
with a funny accent. "A green
car and then...an accident."

I get up slowly because my
head hurts a lot. The girl helps
me.

"What is your name?" She asks
me.

— Je m'appelle... Je m'appelle... J'essaie de me souvenir mais j'hésite un moment.

"My name is...my name...is" I try to remember but hesitate for a moment.

5 — Je m'appelle... Je... Je ne me souviens pas. Et où suis-je ?

"My name is...it's... I don't remember. And where am I?"

— Tu es à Toulouse, en France, dit la fille. Je suis Joanna. Je
10 vais t'emmener à l'hôpital.

"You are in Toulouse, in France," says the girl. "I'm Joanna. I'm going to take you to the hospital."

Je regarde autour de la place où nous sommes. Il y a des
15 bâtiments historiques et l'air sent la viande grillée.

I look around the square where we are. There are historic buildings and the air smells of roast meat.

Je suis à Toulouse, en France. Joanna et moi ne sommes pas
20 seuls. Il y a d'autres personnes, toutes avec des visages inquiets.

I am in Toulouse, France. Joanna and I are not alone. There are more people, all with concerned looks on their faces.

Tous, sauf une vieille dame qui
25 me regarde avec des yeux méfiants.

All except an old lady who eyes me suspiciously.

— Une voiture verte, tu dis ? Je demande à la fille – Joanna – et
30 elle fait oui avec la tête.

"A green car, you say?" I ask the girl – Joanna – and she answers 'yes' with a nod.

— Et où est cette voiture verte ?

And where is this green car?

— Je ne la vois pas.
Maintenant, son visage a l'air
en colère.

I don't see it. Now her face
seems angry.

5 — La voiture est partie.

"The car left."

Elle prend mon bras et dit :
— Allons à l'hôpital. Tu dois
voir un médecin.
10

She takes me by the arm and
says, "Let's go to the hospital.
You have to see a doctor."

Mais je ne veux pas aller à
l'hôpital. Je n'ai pas besoin de
voir un médecin.

But I don't want to go to the
hospital. I don't need to see a
doctor.

15 J'ai besoin de savoir pourquoi
je suis à Toulouse. Je veux
savoir *qui je suis*.

I need to know why I am in
Toulouse. I want to know *who I
am*.

J'ai une idée et je regarde
20 Joanna dans les yeux.

An idea occurs to me and I look
Joanna in the eyes.

— Je suis français ?

"Am I French?"

La fille sourit.
25 — Non. Je pense que tu n'es
pas français. Tu as un drôle
d'accent... Ça sonne anglais.

The girl smiles. "No. I don't
think you're French. You have
a strange accent…it sounds
English."

— Anglais... Je répète. Mais je
30 parle français...

"English…" I repeat.
"But I speak French…"

— Oui, moi aussi, et je suis allemande, répond Joanna.
Tu ne parles pas très bien le français, mais c'est normal si tu es anglais.

Elle sourit encore:
— C'est une blague. Tu parles bien. Et maintenant, on va à l'hôpital ?

Je regarde mes mains, mes jambes, mes pieds. Je touche ma tête, mes dents - je ne sais pas pourquoi - et mon visage aussi.

— Tout est en place. Je n'ai pas besoin d'aller à l'hôpital.

J'ai juste besoin de savoir mon nom et pourquoi je suis à Toulouse. Et je veux trouver la voiture verte.

— Merci, Joanna, je dis à l'Allemande, mais je ne vais pas à l'hôpital. J'ai besoin d'eau... Et je dois découvrir qui je suis et pourquoi je suis ici.

"Yes, me too and I'm German," responds Joanna. "You don't speak French very well but, that's normal if you're English."

She smiles again. "That's a joke. You speak well. And now, are we going to the hospital?"

I look at my hands, my legs, my feet. I touch my head, my teeth – I don't know why – and my face as well.

Everything is in the right place. I don't need to go to hospital.

All I need is to know what I'm called and why I am in Toulouse. And I want to find the green car.

"Thank you, Joanna," I say to the German girl, "but I'm not going to the hospital. I need water…and I have to find out who I am and why I am here."

— Mais tu as mal à la tête...

— Je vais bien, je dis
sèchement. Je n'ai pas besoin
5 d'aller à l'hôpital, et je ne veux
pas aller à l'hôpital. J'ai juste
besoin d'eau.

Joanna me donne sa bouteille
10 d'eau et je bois. Elle me regarde
à nouveau avec un visage
inquiet.

— D'accord, d'accord... Alors,
15 où vas-tu ?

— Je vais où ?

Je n'en ai aucune idée. Je
20 respire et regarde les bâtiments
historiques qui m'entourent. Je
ne reconnais rien. Mais je
remarque quelque chose dans
ma poche.
25
— Qu'est-ce que c'est ?

Je la sors et je vois que c'est
une clé. Une très vieille clé.
30 Elle a un gros porte-clés qui
dit : « Auberge de Saint-Sernin »
et le numéro 13.

"But your head hurts…"

"I am fine," I say sharply. "I do
not need to go to the hospital,
and I do not want to go to the
hospital. I just need water."

Joanna gives me her bottle of
water and I drink. She looks at
me again with a worried look.

"Okay…okay… And, so,
where are you going?"

Where am I going?

I have no idea. I breathe and I
look at the historic buildings
around me. I don't recognise
anything. But I notice
something in my pocket.

What is it?

I take it out and see that it's a
key. A very old key. It has a
big keyring that says, 'Auberge
de Saint-Sernin' and the
number 13.

Je montre le porte-clés à Joanna
et lui dis :
— Je vais à l'Auberge de Saint-
Sernin. Tu sais où c'est ?

5

Joanna soupire. Elle a l'air
frustrée mais explique que
l'Auberge de Saint-Sernin est
dans le centre historique.

10

— Si tu ne veux pas aller à
l'hôpital, alors je vais
t'emmener à l'Auberge de
Saint-Sernin. Comme ça, je
15 serai tranquille.

I show the keyring to Joanna
and say to her, "I am going to
Auberge de Saint-Sernin. Do
you know where it is?"

Joanna sighs. She seems
frustrated but explains to
me that Auberge de Saint-Sernin is
in the historic centre.

"If you don't want to go to the
hospital, then I'll take you to
Auberge de Saint-Sernin. That
way I'll feel calm."

CHAPTER 2

Sam et Joanna arrivent à l'auberge

 **THE LANGUAGE GYM**

Nous arrivons à l'Auberge de Saint-Sernin. Le bâtiment se trouve dans une rue à côté de la Basilique, appelée Rue
5 d'Embarthe.

Elle est faite de pierre et est très ancienne. La rue est très étroite et sombre car nous sommes
10 dans l'ombre de la Basilique. On dirait un monastère médiéval.

— La voilà, dit Joanna.
15
Je la regarde et elle me montre une porte en bois.

— C'est ton hôtel ? me
20 demande-t-elle. Je soupire et lui dis que je ne le reconnais pas.

— Mais je ne sais rien, je ne connais même pas mon nom…
25
Nous entrons dans l'hôtel. Il ne fait pas chaud à l'intérieur. C'est frais comme une grotte.

30 L'entrée ressemble à un musée. Il y a une table très ancienne et des peintures de la campagne Midi-Pyrénéenne.

We arrive at Auberge de Saint-Sernin. The building is in a street next to the Basilica called *Rue d'Embarthe.*

It's made of stone and is very old. The street is very narrow and is dark because we're in the shade of the Basilica. It looks like a medieval monastery.

"Here is it," says Joanna.

I look at her and she points to a wooden door.

"Is it your hotel?" she asks me. I sigh and tell her that I don't recognize it.

"But I don't know anything, I don't even know my name…"

We enter the hotel. Inside it's not hot. It's cool like in a cave.

The entrance hall resembles a museum. There is a very old table and paintings of the Midi-Pyrenees countryside.

 **THE LANGUAGE GYM**

Les murs sont décorés de crânes de chèvres et de bois de cerfs. À gauche, il y a une réception mais il n'y a personne. Soudain, 5 un garçon plutôt petit et musclé apparaît et me regarde d'un air surpris.

Il a les cheveux bruns et les 10 yeux noirs. Il porte un épais collier en or.

— Toi... ? il dit d'un air surpris en pointant son doigt vers moi.
15
— Moi... je réponds, confus.

— Pourquoi es-tu là ? le garçon me demande.
20
— Parce qu'il reste ici. Joanna explique.

— Chambre numéro treize. Il a 25 eu un accident, mais il va bien. Regarde, il a la clé.

— Oui, j'ai la clé, je dis en montrant la clé. Tu la vois ? 30 Je veux savoir, combien de nuits j'ai passé ici ?

The walls are decorated with goat skulls and deer antlers. On the left, there is a reception desk but no one is there. Suddenly, a quite short, muscular boy appears and looks at me with a look of surprise.

He has dark hair and black eyes. He is wearing a thick, gold necklace.

"You…?" he says surprised, pointing at me with his finger.

"Me…" I respond, confused.

"Why are you here?" the boy asks me.

"Because he is staying here," explains Joanna.

"Room number thirteen. He had an accident but he's okay. Look, he has the key."

"Yes, I have the key," I say showing the key. "You see? I want to know, how many nights have I been here?"

Le garçon ne répond pas. Il me regarde avec ses yeux noirs comme si j'étais un fantôme.

The boy doesn't answer. He looks at me with his black eyes as if I were a ghost.

En haut, il y a un bruit et une fille descend les escaliers.

Above us there is a noise and a girl comes down the stairs.

Elle nous dit : « Bonjour ! » avec un sourire radieux. La fille a des cheveux roux et elle est très jolie.
Ses yeux sont aussi verts que des émeraudes.

She says, "Hi!" to us with a glowing smile. The girl is a redhead and she's very pretty.

Her eyes are as green as emeralds.

— Désolée, j'ai encore beaucoup de ménage à faire ici dit la jeune femme.

"I'm sorry, I still have lot of chores to do here" she says.

Elle regarde le garçon aux yeux noirs, puis elle me regarde.

She looks at the black-eyed boy and afterwards looks at me.

— Ivan ne travaille pas ici, dit-elle. C'est un ami de mon frère. Je suis Valentina. Je peux vous aider ?

"Ivan doesn't work here" she says to me. "He is a friend of my brother. I am Valentina. How can I help?"

— Tu travailles ici ? je demande à Valentina et elle dit « Oui » avec un grand sourire.

"Do you work here?" I ask Valentina and she responds "yes" with a big smile.

— Eh bien... je commence à dire, un peu distraitement, mais Joanna m'interrompt.

"Well…" I begin to say, a little lost-in-thought, but Joanna interrupts me.

— Il a eu un accident et ne connaît pas son nom. Il semble avoir une chambre ici.

5 — Un accident ? Elle répète en me regardant avec surprise. Alors tu dois aller chez le docteur !

10 J'explique que je ne veux pas aller à l'hôpital et je lui dis que je veux juste savoir qui je suis et pourquoi je suis à Toulouse.

15 — D'accord, d'accord dit Valentina, comme je respire la douce odeur de son parfum.

— Je viens de rentrer de mes
20 vacances mais je peux regarder dans le registre des visiteurs. Quelle chambre as-tu ?

Je lui dis que je suis dans la
25 chambre numéro treize et elle me cherche dans son registre.

— Oui, oui...tu es là. Ton nom est... Sam.
30
Donc, je m'appelle Sam...

Je remercie Valentina,

"He had an accident and he doesn't know his name. It seems he has a room here."

"An accident?" she repeats, looking at me, surprised. "Then, you have to go to the doctor!"

I explain that I don't want to go to the hospital and I tell her that I just want to know who I am and why I'm in Toulouse.

"Okay, okay," says Valentina while I breathe in the sweet smell of her perfume.

"I've just returned from my holidays, but I can look in the visitors' book. What room are you in?"

I tell her that I'm in room thirteen and she looks for me in her book.

"Yes, yes…you're here. You're called…Sam."

So, my name is Sam…

I thank Valentina,

je respire à nouveau l'odeur intoxicante de son parfum, et je monte dans ma chambre.	breathing in again the heady aroma of her perfume, and I go up to my room.
5 Joanna vient avec moi.	Joanna comes with me.
Chambre numéro treize.	Room number thirteen.
J'espère trouver mon passeport, 10 mes vêtements...mon identité. J'ouvre la porte de la chambre.	I hope to find my passport, my clothing…my identity. I open the door to the room.
A droite, il y a deux lits et, à gauche, une table. Sur la table 15 se trouve un sac de voyage.	On the right, there are two beds and, on the left, a table. On top of the table is a holdall.
Ce sont sûrement mes bagages. Je cherche mon passeport dans le sac mais je ne trouve que des 20 vêtements, une serviette, des chaussures...	*It must be my luggage.* I look for my passport in the bag but I only find clothing, a towel, some shoes…
— Rien ? demande Joanna.	"Nothing?" asks Joanna.
25 — « Non, rien de rien », je confirme.	"No, nothing at all" I confirm (Like the famous Edith Piaf song)
Joanna rit de la blague.	Joanna laughs at the joke.
30 — Et dans la poche de devant ? elle demande.	"And in the front pocket?" she asks.

J'ouvre la poche avant du sac. A l'intérieur se trouvent quelques documents.

5 Mais mon passeport a disparu. Je regarde les documents. Il y a une brochure pour une école de langue à Toulouse.

10 — Peut-être que je suis ici pour étudier le français ?

— La brochure vient de la même école que moi, dit
15 Joanna en souriant. Et l'autre morceau de papier ?

Je lis le papier et regarde Joanna mais je suis sans voix.
20 Joanna prend le papier et le lit à haute voix :

« Tu n'es pas le bienvenu ici, l'Anglais. »
25

« RETOURNE DANS TON PAYS OU TU VAS LE REGRETTER ! »

I open the front pocket of the bag. Inside there are some papers.

But my passport is not there. I look through the papers. There is a leaflet for a language school in Toulouse.

"Maybe I am here to study French?"

"The leaflet is for the same school where I study," says Joanna with a smile. "And the other piece of paper?"

I read the other paper and look at Joanna but I am speechless. Joanna takes the paper and reads it aloud:

"You are not welcome here, English."

"GO BACK HOME OR YOU'LL REGRET IT!"

CHAPTER 3

Sam recontre Hassan et Rémy

Je ne peux pas très bien dormir.	I am unable to sleep well. The
Le lit est très confortable, oui,	bed is very comfortable, yes,
mais mes pensées me gardent	but my thoughts keep my
éveillé.	awake.

5

Dans mes rêves, une voiture	In my dreams, a green car
verte me poursuit ; je vois les	chases me; I see Ivan's black
yeux noirs d'Ivan ; le message	eyes; the threatening message
menaçant est écrit sur tout le	is written on the wall; and
10 mur ; et quelqu'un répète :	someone is repeating:

— Sam? Ça va, Sam?	"Sam? Are you okay, Sam?"

Et maintenant plus fort :	And then louder:
15 — Sam ? Sam ? Sam ?!	"Sam? Sam? Sam!?"

Je me réveille au milieu de la	I wake up in the middle
nuit. Je ne vois rien... sauf une	of the night. I can't see
silhouette près de la porte.	anything…except a figure
20	next to the door.
Je m'assieds sur le lit, terrifié,	I sit up in bed, scared and say
et je lui dis :	to him:
— Qui es-tu ?!	"Who are you!?"

25 Je pense au message dans mon	I think of the message in my
sac à dos et je crie :	backpack and I shout:

— Pourquoi tu veux me faire du	"Why do you want to hurt me?
mal ? Je ne veux pas mourir !	I don't want to die!"
30	
La silhouette s'approche de	The figure approaches me.
moi.	

— Que vas-tu me faire ? Je lui demande, effrayé.

"What are you doing to do to me?" I ask, afraid.

C'est un homme. Il est grand et a des cheveux longs et ondulés. Un meurtrier ? Mais il n'a pas l'air d'un meurtrier... Mais j'ai quand même peur. Très peur.

It is a man. He is tall and has long, wavy hair.
A murderer? But he doesn't look like a murderer… Even so, I am scared. Very scared.

Je suis pétrifié de peur.

I am petrified by fear.

Et soudain, le personnage - l'homme - se met à rire.

And, suddenly, the figure – the man – starts to laugh.

« Je ne veux pas mourir ! » Il dit d'une voix très grave. Il se moque de moi.

"I don't want to die!" he says in a very deep voice. He's making fun of me.

— Qui es-tu ? Je demande encore.

"Who are you?" I ask again.

— Qui suis-je ? Je suis Hassan, ton colocataire... Tu es dans mon lit. Tu ne me reconnais pas ou quoi ? Ça ne va pas ? Tu es malade ou ivre ou quoi ?

"Who am I? I am Hassan, your roommate…You're in my bed. Don't you recognize me or what? Is something wrong? Are you sick or drunk or what?"

— Un accident... Je dis en hésitant. Il y avait une voiture.

"An accident…" I say, hesitating. "There was a car."

— Oh, dit Hassan, mais tu vas bien maintenant ?

"Ouch!" says Hassan. "But you're okay now?"

Il sort quelque chose de la poche de sa veste. C'est un animal... Il a un rat blanc !

5 Hassan me regarde et dit :
— C'est Rémy, tu ne te souviens pas de Rémy, mon animal de compagnie ? Alors, tu vas bien ou quoi ?
10
— Oui... et non... je ne sais pas qui je suis ou pourquoi je suis ici avec toi et ton... rat.

15 — Rémy... dit Hassan en caressant l'animal.

— Mais j'ai l'impression d'avoir des ennemis dans cette ville.
20
Je lui montre la note de mon sac et il soupire avant de dire :
— Des ennemis ? Eh bien, il semble que oui...
25
— Écoute, je te connais un peu, dit Hassan en s'asseyant sur le lit avec Rémy. Tu es Sam. Tu es anglais. Je ne sais pas
30 exactement pourquoi tu es là... Probablement pour apprendre le français et...

He takes something out of his jacket pocket. It's an animal... He has a white rat!

Hassan looks at me and says, "It's Rémy, don't you remember Rémy, my pet? So, are you okay or what?"

"Yes...and no...I don't know who I am or why I'm here with you and your...rat."

"Rémy ..." says Hassan stroking the animal.

"But I get the impression that I have enemies in this city."

I show him the note from my bag and he sighs before saying, "Enemies? So it would seem..."

"Listen, I know you a bit," says Hassan as he sits on the bed with Rémy. "You're Sam. You're English. I don't know exactly why you're here... Probably to study French and..."

— Et… Je répète, en attendant quelque chose d'important.

"And…" I repeat, waiting for something important.

— Et, tu aimes le chocolat
5 autant que Rémy !

"And, you like chocolate as much as Rémy does!"

Hassan sort une barre de chocolat et en donne un morceau au rat et un pour moi.
10

Hassan takes out a bar of chocolate and gives a piece to the rat and another one to me.

— Demain, tu vas aller à l'école de langues et ils vont t'aider. Et pour les ennemis... Ne t'inquiète pas, je suis ton ami et
15 je vais t'aider. Rémy aussi.

"Tomorrow, you are going to the language school and they are going to help you. And as for your enemies…don't worry, I'm your friend and I'll help you. Rémy too."

Plus tard, je ne sais pas pourquoi, je m'endors avec
20 l'image de Valentina dans mes pensées.

Later on, I don't know why, I fall asleep with the image of Valentina in my mind.

Le matin, je rencontre Valentina à la réception de
25 l'hôtel et nous décidons d'aller ensemble sur la place pour prendre un café.

In the morning, I pass Valentina in the hotel reception and we decide to go to the square together for a coffee.

Joanna est là.
30 La vieille dame est aussi là avec son chariot rempli de carton. Je pense que c'est une sans-abri.

Joanna is there.
The little old lady is there too with her trolley full of cardboard.
I think she is homeless.

Joanna me salue et me fait la
bise.
— Tu es toujours vivant !
Parfait ! Tu as faim ? Je vais
5 prendre le petit déjeuner ! Tu
viens ?

Je souris, je la présente à
Valentina et nous nous
10 asseyons avec elle sur la place.

Il y a du soleil mais il ne fait
pas trop chaud car il est encore
tôt.
15
Je leur raconte ce qui m'est
arrivé dans la soirée avec
Hassan. Joanna et Valentina
rient beaucoup.
20
— Tiens, essaie le croissant.
C'est très savoureux.

Joanna a raison, le croissant est
25 délicieux.

— Je dois retourner à l'hôtel, il
y a beaucoup de choses à faire,
dit Valentina en se levant.
30
Joanna et Valentina échangent
leurs numéros de téléphone.

Joanna greets me and gives me
a kiss.
"You're still alive! That's
perfect! Are you hungry? I'm
going to have breakfast! You
coming?"

I smile, introduce her to
Valentina and we sit with her in
the square.

It's sunny but not too hot
because it's still early.

I explain what happened to me
in the night with Hassan.
Joanna and Valentina laugh a
lot.

"Here, try the croissant. It's
really tasty."

Joanna is right, the croissant is
delicious.

"I have to get back to the hotel,
there is pile of things to do,"
says Valentina as she stands up.

Joanna and Valentina exchange
phone numbers.

— Joanna, je t'offre le petit déjeuner pour te remercier de ton aide.

"Joanna, I'm getting you breakfast to thank you for helping me."

5   Elle dit non, mais je sors quand même mon portefeuille et je l'ouvre. Il y a de l'argent à l'intérieur. Beaucoup d'argent.

She says no but even so, I take out my wallet and open it. Inside there is money. Lots of money.

10 Je compte les billets de cent. Il y a deux mille euros.

I count the hundreds. There are two thousand euros.

— Tu es riche, peut-être que nous pouvons commander des
15 pains au chocolat aussi ! dit Joanna avec la bouche pleine de croissant.

"Rich boy, maybe we can order *pains au chocolat* as well!" says Joanna with her mouth full of croissant

Derrière les billets se trouve
20 une carte de crédit. Je paie l'addition et je la regarde. Sous le numéro, il y a un nom, mais ce n'est pas « Sam ».

Behind the notes, there is a credit card. I pay the bill and look at the credit card. Underneath the number there is a name but it is not 'Sam'.

25 À qui appartient cette carte de crédit ? je me demande intrigué.

Whose credit card is this? I ask myself, intrigued.

— Hé, Sam, fais attention. On
30 dit qu'il y a un voleur sur la place...
— Un voleur ? je répète.

"Listen, Sam, be careful. They say there's a thief in the square..."
"A thief?" I repeat.

— Oui, oui, quelqu'un vole les sacs et les portefeuilles des touristes, explique Joanna.

"Yes, yes, someone is stealing bags and wallets from the tourists," explains Joanna.

5 Je mets mon portefeuille dans mon sac à dos et je prends un morceau de croissant.

I put the wallet away in my backpack and take a piece of croissant.

Après le petit-déjeuner, nous
10 allons à l'école de langues. Elle s'appelle « Virelangues » et se trouve dans la vieille ville, près de l'hôtel de ville.

After having breakfast, we go to the language school. It is called "Tongue-twisters" and it's in the old town, near the townhall.

15 C'est un bloc moderne qui ressemble plus à un bureau qu'à une école.
Mais à l'intérieur, il y a des drapeaux de tous les pays du
20 monde et des jeunes du monde entier qui discutent avec animation dans différentes langues.

It's a modern building and looks more like an office than a school.
But inside, there are flags from every country in the world and young people from all over chat animatedly in different languages.

25 Joanna me présente à Yuki, son amie japonaise.

Joanna introduces me to Yuki, her Japanese friend.

Yuki a les cheveux noirs, les ongles noirs, le maquillage noir, des lunettes noires, des boucles d'oreilles en forme de tête de mort et une robe longue qui est aussi noire.

Yuki has black hair, black nails, wears black makeup, black glasses, earrings shaped like skulls and a long dress which is also black.

THE LANGUAGE GYM

En revanche, ses yeux sont... bleus et son regard... innocent. Yuki veut en savoir plus sur mon accident :

— Tu as des cicatrices ? Mais il est temps d'aller en classe.

C'est mon premier cours et je suis un peu nerveux.

Les autres jeunes semblent sympathiques et la prof, Renata, est aussi aimable.

Pendant la première activité, mes camarades de classe m'interrogent sur ma vie.

— Comment t'appelles-tu ? la prof me demande pour commencer.

Facile :
— Je m'appelle Sam.

Bien.

Question suivante. Un jeune Américain me demande avec un très fort accent : — Quel âge as-tu ? Eh bien, je ne sais pas... Je peux deviner.

In contrast, her eyes are…blue and her gaze…innocent. Yuki wants to know more about my accident:

"Do you have any scars?" But it's time to go to class.

It's my first class and I am a little bit nervous.

The other youngsters seem nice and the teacher, Renata, is also friendly.

In the first activity, my classmates ask me about my life.

"What's your name?" asks me the teacher to begin with.

Easy,
"My name's Sam."

Good.

Next question. A young American asks me in a strong accent, "How old are you?" *Well, I don't know…*
I can guess.

— J'ai plus ou moins seize ans.

"I am more or less sixteen years old."

L'Américain penche la tête
5 avec un air surpris.
Je suppose que c'est étrange
quand quelqu'un ne sait pas
exactement quel âge il a...

The American tilts his head with a look of surprise on his face. I suppose it is strange when someone doesn't know exactly how old they are…

10 — Où habites-tu, Sam ?
demande Renata. Je ne sais pas
quoi dire.

"Where do you live, Sam?" asks Renata. *I don't know what to say.*

— Je vis au... Je commence.
15 Je vis au... Je vis à l'Auberge
de Saint-Sernin.... Je dis
finalement.
L'Américain sourit.

"I live in…" I begin. "I live in…I live in Auberge de Saint-Sernin…" I say in the end.

The American smiles.

20 — Tu as des frères et sœurs ? Il
y a combien de personnes dans
ta famille ? demande un autre
garçon

"Do you have brothers and sisters? How many people are there in your family?" asks another boy.

25 — Voyons ... Je tousse et je
dis : C'est juste que...

"Let me see…" I cough and say: "It's…um…"

Je ne sais pas quoi dire.
Je ne sais pas si j'ai des frères et
30 sœurs. Je ne sais même pas si
j'ai une mère. Je ne veux plus
de questions.

I don't know what to say. I don't know if I have brothers. I don't even know if I have a mother. I don't want any more questions.

Je ne me sens pas bien.
J'ai envie de pleurer
Yuki me regarde avec intérêt et
dit : — Parle-nous de ton
5 colocataire et de son animal de
compagnie.

Je leur raconte tout sur Hassan
et Rémy dans la chambre la
10 veille et toute la classe éclate
de rire.

À deux heures, Joanna dit
qu'elle a - encore - faim alors
15 Joanna, Yuki et moi allons sur
la place.

La vieille dame est toujours là,
elle cherche maintenant
20 quelque chose dans la poubelle.

De l'autre côté de la place, je
vois Hassan qui joue de la
guitare et Rémy qui est avec lui.
25

Nous prenons un café en
attendant nos sandwichs à une
table près d'où Hassan joue de
la guitare.
30

J'aime sa façon de jouer et il me
semble que je ne suis pas le
seul.

I don't feel well.
I want to cry.
Yuki looks at me, interested,
and says:
"Tell us about your roommate
and his pet."

I tell them everything about
Hassan and Rémy in the room
last night and the whole class
laughs their heads off.

At two, Joanna says that she's
hungry – yet again! – so
Joanna, Yuki and I go to the
square.

The little old lady is still there
looking for something in the
bin.

On the other side of the square,
I see Hassan playing the guitar
and Rémy is with him.

We have a coffee while we
wait for our sandwiches at a
table next to where Hassan is
playing the guitar.

I like the way he plays and it
appears that I'm not the only
one

Plusieurs personnes s'arrêtent pour écouter sa musique et regarder son rat.

Some people stop to listen to his music and look at his rat.

5 Certains jettent de l'argent dans son chapeau.

A few throw money in his hat.

Yuki en profite pour enregistrer une vidéo de ce moment.
10

Yuki makes the most of it by recording a video of the moment.

— Voici donc Hassan et Rémy dit Yuki en riant.

"So, this is Hassan and Rémy," says Yuki, laughing.

Après un moment, un groupe
15 de garçons entre sur la place en faisant beaucoup de bruit. Ils ont un caniche qui les accompagne et qui aboie sans cesse.
20

After a while, a group of boys arrives in the square making lots of noise. They have a poodle that doesn't stop barking.

Je reconnais un garçon. C'est Ivan, le garçon aux yeux noirs que j'ai vu hier à l'auberge. On dirait que le caniche est à lui.
25

I recognise one of the boys. It's Ivan, the boy with black eyes that I saw yesterday at the inn. It seems as if the poodle is his.

Ils viennent s'asseoir à la table à côté de nous. Ils commandent des bières.

They come and sit at the table next to us. They order beers.

30 Quand ils voient Rémy, l'ami d'Ivan crie :
— Hé mec, t'habites où, dans une poubelle avec tes amis les rats ?

When they see Rémy, one of Ivan's friends shouts: "Oi mate, where do you live? In a rubbish bin with your rat friends?"

35

Puis il regarde le caniche et dit
en montrant le rat :
— Zizou, voilà ton déjeuner !

Then, he looks at the poodle
and says pointing at the rat,
"Zizou, there's your lunch!"

5 Ses amis rient. Puis Ivan dit :
— Ce type est nul. Hé, mec, tu
chantes comme un chat écrasé !

His friends laugh. Afterwards,
Ivan says, "This guy is awful.
Hey mate, you sing like a cat
that's been run over!"

10 Je ne sais pas ce qui se passe,
mais je suis soudain debout,
furieux, en train de réprimander
Ivan et ses amis.

I don't know what comes over
me but, all of a sudden, I'm on
my feet, furious, squaring up to
Ivan and his friends.

15 — C'est un pays libre, non ?
Laissez-le gagner de l'argent
pour manger.

"It's a free country, isn't it? Let
him earn money so he can eat."

L'ami d'Ivan se lève très en
20 colère. Il est grand et laid, et
semble aussi fort qu'un gorille,
et il ne sent pas beaucoup
mieux.

Ivan's friend stands up, very
angry. He's tall and ugly and
looks as strong as a gorilla and
doesn't smell much better.

Il me pousse et puis VLAN ! Il
25 me frappe !

He pushes me and in an instant
– whack – he punches me!

Me voici à nouveau sur le sol.
Je n'arrive pas à le croire.

Here I am, on the floor, again.
I can't believe it.

30 Ma bouche a un goût de sang.

My mouth tastes of blood.

J'essaie de me lever mais la
brute me frappe encore.

I try to stand up but the brute
hits me again.

Maintenant, Hassan se lance dans le combat pour m'aider. C'est une bagarre au milieu de la place.

Now, Hassan joins the fight to help me. It's a brawl in the middle of the square.

5

Joanna nous crie d'arrêter alors que Yuki, sans le vouloir, continue d'enregistrer avec son téléphone.

Joanna shouts for us to stop while Yuki, without thinking, keeps filming with her phone.

10

Et puis, soudain... Ivan disparaît au moment où la police arrive.

And then, suddenly… Ivan disappears just as the police arrives.

CHAPTER 4

Sam et Hassan se retrouvent au commissariat

Je suis au poste de police avec Hassan. Nous attendons à la réception où il y a plusieurs chaises en plastique alignées
5 contre le mur.

Il n'y a pas de fenêtres mais il y a un ventilateur au plafond.

10 Le ventilateur tourne très lentement et j'ai très chaud.

Le policier s'appelle Victor. L'officier Victor. Son visage
15 me semble familier. Il est assez gentil mais très sérieux.

Il parle à une femme qui porte beaucoup de bijoux. La femme
20 dit qu'elle est russe et qu'hier quelqu'un a volé son sac à main sur la place.

La femme est très en colère.
25

Elle dit que son mari est très important et qu'elle va appeler son avocat.

30 Finalement, la femme s'en va, scandalisée, et Victor vient nous parler.

I'm at the police station with Hassan. We're waiting in the reception where there are several plastic chairs in a line against the wall.

There are no windows but there is a fan on the ceiling.

The fan spins very slowly and I am very hot.

The policeman is called Victor. Officer Victor. His face is familiar. He is quite nice but very serious.

He is talking to a woman who is wearing lots of jewellery. The woman says she's Russian and that yesterday someone stole her bag in the square.

The woman is very angry.

She says that her husband is very important and that she is going to call her lawyer.

In the end, the woman leaves annoyed and Victor comes to talk to us.

Il dit qu'on ne peut pas se battre sur la place et c'est pour cela qu'il a dû nous arrêter, Hassan et moi.

He says that you're not allowed to fight in the square and that's why he had to arrest us, Hassan and me.

5

Je ne sais pas ce qui va nous arriver mais Hassan n'est pas du tout content.

I don't know what is going to happen to us but Hassan is not happy at all.

10 J'ai l'impression que ce n'est pas la première fois qu'il se rend au poste de police. Honnêtement, je ne suis pas sûr si c'est la première fois que je 15 viens ici aussi...

I get the impression that it's not the first time that he's been to the police station. To tell the truth, I'm not sure if it's the first time that *I've been here either...*

Victor m'emmène dans une autre pièce. Il dit qu'il a des questions à me poser.

Victor takes me to another room. He says he has some questions for me.

20

Hassan est seul à la réception. Dans la pièce où je suis maintenant, il y a une table et un magnétophone.

Hassan is alone in the reception area. In the room where I am now, there is a table and a tape recorder.

25

Il y a la climatisation ici, mais elle ne fonctionne pas très bien, et elle fait un fort bourdonnement.

There is air conditioning here but it doesn't work very well and it makes a loud buzzing.

30

Tout à coup, tout semble très sérieux.

Suddenly, everything seems very serious.

— J'ai besoin d'un avocat, Officier Victor ? Je demande à Victor.

"Do I need a lawyer, Officer Victor?" I ask Victor.

— Tu as aussi un avocat comme la femme russe ? aboie Victor.

"Do you have a lawyer too, like the Russian woman?" barks Victor.

Il est de très mauvaise humeur.

He is in a very bad mood.

— Non, monsieur, je n'ai pas d'avocat.

"No, sir, I don't have a lawyer."

— Alors, il suffit de répondre à quelques questions. C'est clair ?

"Well, then, you just have to answer a few questions. Is that understood?"

— Oui, monsieur, je vais répondre à vos questions.

Yes, sir, I am going to answer your questions."

J'essaie de sourire mais mon visage est tendu. Victor sort un stylo et un carnet et me regarde dans les yeux.

I try to smile but my face is tense. Victor takes out a pen and a notebook and looks me in the eyes.

Quelques questions ; ça va être facile... Très facile

A few questions – it's going to be easy...very easy.

— Comment t'appelles-tu ?

"What's your name?"

— Sam. Je réponds en soupirant.

"Sam," I answer, sighing.

— Et quel est ton nom de famille ? Et une pause.

"And what is your last name?" And a pause.

— Tu t'appelles Sam, quoi ?
— Oui, monsieur... C'est juste que... Je m'appelle Sam... Mais je ne me souviens pas très bien
5 de mon nom de famille...

Victor s'approche de moi. Son haleine sent le vieux café et son regard est très intense.
10
— Écoute-moi, gamin, dit-il, on n'est pas dans la cour de récréation ici. Je n'ai pas le temps de jouer. Il y a un voleur
15 en ville qui dérobe l'argent des touristes et je dois faire quelque chose. D'abord tu réponds à mes questions et ensuite tu rentres chez toi. C'est clair ?
20
— Un voleur ? je répète nerveusement.

Je pense à l'argent et à la carte
25 de crédit dans mon portefeuille. Je ne sais toujours pas à qui il appartient et je ne sais pas qui je suis.
Peut-être que c'est moi le
30 voleur ?

Je sens la sueur dans mon dos. Je ne sais pas quoi faire.

"You're called Sam, what?"
"Yes, sir…it's that…I'm called Sam…but I can't quite remember my last name…"

Victor moves closer to me. His breath smells of stale coffee and his stare is very intense.

"Listen to me, kid," he says. "We're not in the school playground here. I don't have time for games. There is a thief in the town stealing money from the tourists and I have to do something. First, answer my questions and, afterwards, you go home. Is that clear?"

"A thief?" I repeat nervously.

I think of the money and the credit card in my wallet. I still don't know who it belongs to nor who I am.

Perhaps I am the thief?

I can feel sweat on my back.
I don't know what to do.

Je dois sortir d'ici, mais je ne sais pas comment...

— Passons à une autre question... Sam "Sans Nom",
5 dit Victor en sortant son mouchoir et en essuyant la sueur de son front.

— Tu es anglais, n'est-ce pas ?
10 Où habites-tu ?

— Je reste à l'Auberge de Saint-Sernin, Officier…

15 — Non, non... Je veux dire, où habites-tu ? Tu habites en Angleterre ?

— Oui, monsieur, je vis en
20 Angleterre...

Je panique à mort. Je ne sais pas quoi dire. J'ai deux mille euros dans mon portefeuille...
25

C'est moi le voleur ?

Finalement je décide de dire la première chose qui me vient à
30 l'esprit :
— À... Londres, monsieur. Je vis à Londres avec mes parents.

I have to get out of here but I don't know how…

"Let's move on to another question…Sam 'No Name'," says Victor while he takes out his hankerchief and dries the sweat from his forehead.

"You're English, aren't you? Where do you live?"

"I am staying at Auberge de Saint-Sernin, Officer…"

"No, no…" I mean, "where do you *live*? Do you live in England? I mean."

"Yes, sir, I live in England…"

I am panicking to death. I don't know what to say. I have two thousand euros in my wallet.

Am I the thief?

In the end, I decide to say the first thing that pops into my head:
"In…London, sir. I live in London with my parents."

Victor sourit pour la première fois.

Victor smiles for the first time.

— Voilà. C'est beaucoup mieux, petit. Et tu as une pièce d'identité ?

"That's it. That's much better, kid. And do you have some identification?"

Une pièce d'identité ? Je n'ai rien.

Identification? I don't have anything.

Maintenant je pense que Victor va me mettre en prison. Je n'ai pas de passeport. Je n'ai pas de papiers d'identité.

Now, I think that Victor is going to throw me in jail. I don't have a passport. I don't have ID.

Je n'ai même pas de nom de famille !

I don't even have a last name!

Il fait très chaud dans le commissariat. Je transpire comme un boeuf.

It's very hot in the police station. I am sweating like a pig. *(Literally: like an ox)*

Je suis sûr que Victor peut voir la sueur sur mon front.

I am sure that Victor can see the sweat on my forehead.

Je suis convaincu que Victor pense que je suis le voleur.

I am convinced that Victor thinks that I am the thief.

Même moi, je commence à penser que je suis le voleur !

Even I am starting to think that I am the thief.

Il me regarde avec les yeux froncés.

He looks at me with narrowed eyes.

— J'ai besoin de voir ton portefeuille, gamin. Je sais que ton portefeuille est dans ton sac à dos. Y a-t-il quelque chose
5 que tu ne veux pas que je voie ?

"I need to see your wallet, kid. I know that your wallet is in your backpack. Is there something you don't want me to see?"

J'ai envie de dire « Tu es un renard », mais je ne dis rien. Je suis mort de peur.
10

You're as cunning as a fox, I want to say but I say nothing. I am terrified.

Je sais que je suis anglais et je sais que je m'appelle Sam, mais maintenant je me demande si je suis Sam le voleur.
15

I know I'm English and my name is Sam, but now I wonder if I am *Sam the thief.*

J'ai deux mille euros dans mon portefeuille, mais à qui sont-ils ?

I have two thousand euros in my wallet but, whose are they?

À moi ?
20

Are they mine?

À la femme russe ?

The Russian woman's?

J'imagine ma vie en prison : vingt ans dans une cellule sans
25 fenêtre, la pire nourriture de France et un compagnon de cellule appelé Brutus...

I imagine my life in jail: twenty years in a windowless cell, the worst food in France and a cellmate called Brutus…

— Ton portefeuille, Sam. J'ai
30 besoin de voir ton portefeuille, dit Victor sérieusement.

"Your wallet, Sam. I need to see your wallet," says Victor gravely.

Je suis pétrifié. Mon T-shirt est trempé de sueur. Mais, soudain, la porte s'ouvre.

I am petrified. My shirt is soaked with sweat. But, suddenly, the door opens.

5 Un autre policier entre dans la pièce et dit à Victor :
— Chef, quelqu'un veut te parler. Elle dit que c'est urgent.

Another policeman comes into the room and says to Victor, "Boss, someone wants to speak to you. She says it's urgent."

10 Victor siffle de colère.

Victor whistles angrily.

— Je reviens tout de suite, donc... prépare ton portefeuille. Je veux le voir, dit-il en sortant.
15

"I am coming straight back so…get the wallet ready. I want to see it," he says as he goes out.

Cinq minutes passent et je commence à penser que Victor a plus d'indices pour prouver
20 que je suis le voleur.

Five minutes go by and I'm starting to think that Victor has more proof to show that I'm the thief.

Cependant, quand la porte s'ouvre à nouveau, je vois que Valentina est là avec Victor.
25 Elle me sourit mais elle a l'air inquiète.

However, when the door opens again, I see that Valentina is with Victor. She smiles at me but she looks worried.

Victor me regarde et dit :
— Ma nièce dit que tu loges
30 chez elle et qu'elle a tes papiers d'identité. C'est vrai ?

Victor looks at me and says, "My niece says you're staying with her and that she has your ID. Is that true?"

Je regarde le policier et je regarde Valentina, qui fait oui avec la tête.

5 — Oui, monsieur, c'est ça. Je suis dans une chambre à l'Auberge de Saint-Sernin et mes papiers sont là. Dans la chambre numéro treize.
10

Victor expire et montre lentement la porte du doigt.

— Tu as de la chance, petit.
15 Mais il y a anguille sous roche.

Il regarde Valentina.
— Je fais confiance à ma nièce
20 et j'ai des choses plus importantes à faire. Tu peux partir.

— Merci, oncle Victor, dit
25 Valentina.

Je me lève et je me dirige vers Valentina. Victor m'arrête à la porte et me dit :
30 — Je te surveille, Monsieur Sam.

I look at the policeman and I look at Valentina who gives me a little nod.

"Yes, sir, that's right. I am in a room at Auberge de Saint-Sernin and my ID is there. In room thirteen."

Victor exhales and slowly points to the door.

"You're lucky, kid. But something smells fishy."
(Literally: an eel under the rock)

He looks at Valentina. "I trust my niece and I have more important things to do. You're free to go."

"Thank you, Uncle Victor," says Valentina.

I stand up and walk towards Valentina. Victor stops me at the door and says:
"I'm watching you, Mr. Sam."

CHAPTER 5

Sam et Valentina se promènent et se connaissent un peu mieux

Nous sortons dans la rue et il fait nuit. Le ciel est clair et les étoiles brillent de mille feux.

5 — Joanna et Yuki m'ont appelée, alors je suis venue t'aider, explique Valentina.

— Je ne sais pas quoi dire... Je
10 lui dis.

— Je pense que « Merci » est le mot juste.
Valentina me sourit.
15
— Oui, tu as raison, merci beaucoup. Je pensais que j'allais aller en prison.

20 Soudain, je pense à Hassan et je demande à Valentina :
— Où est Hassan, il est au poste de police ?

25 — Ne t'inquiète pas, Sam. Hassan et Rémy sont déjà à la maison.

— Formidable ! Merci,
30 Valentina, tu es géniale.

— Je sais, dit-elle en riant.

We go out in the street and it's nighttime. The sky is clear and the stars shine brightly.

"Joanna and Yuki called me so, I came to help you," explains Valentina.

"I don't know what to say…" I say.

"I think that thanks would be the appropriate word…" Valentina smiles at me.

"Yes, you're right, thank you very much. I thought I was going to go to jail."

Suddenly, I think of Hassan, and I ask Valentina: "Where is he? Is he still at the police station?"

"Don't worry, Sam. Hassan and Rémy are at home already."

"Great! Thanks, Valentina, you're a genius."

"I know," she replies, laughing.

— Viens, je veux te montrer quelque chose.

"Come, I want you to see something."

Nous marchons dans les rues étroites de Toulouse, l'arôme de la nourriture délicieuse flotte dans le vent.

We walk through Toulouse's narrow streets, the smell of delicious food drifting by on the breeze.

C'est une ville historique et très fascinante.

It's a historic and very atmospheric city.

Je suis heureux, de ne pas d'être au commissariat - bien sûr - mais, surtout, d'être avec Valentina.

I feel happy, for not being in the police station – of course – but above all, for being with Valentina.

Je la regarde du coin de l'œil. Elle est plus jolie que je ne l'imaginais.

I glance at her out of the corner of my eye. She is prettier than I imagined.

Quand elle parle, elle m'hypnotise et ses cheveux qui brillent au clair de lune m'aveuglent.

When she speaks to me, I'm hypnotised and her hair shining under the moonlight, blinds me.

Nous arrivons aux murs de la ville et montons un très vieil escalier de pierre.

We arrive at the city walls and we go up by a very old stone stairway.

Au sommet du mur, la vue est spectaculaire.
La campagne ressemble à une scène d'un passé lointain.

Up above, on top of the city walls, the view is spectacular.
The countryside looks like a scene from the distant past.

En bas, la rivière est comme un serpent noir qui traverse la vallée.

5 — Je t'aime bien, Sam, dit Valentina sans me regarder. Je t'aime beaucoup.

Valentina me prend par
10 surprise avec ses mots et je ne sais pas quoi dire.

— Eh bien, merci... Je dis mais je me sens immédiatement bête.
15 Merci…

Ce que je veux dire à Valentina, c'est que je l'aime bien aussi, mais je ne trouve
20 pas les mots...

— C'est que, Valentina. J'aime vraiment être avec toi... mais...

25 J'hésite avant de dire :
— Je ne sais pas qui je suis et... et j'ai peur qu'il y ait des choses qu'on ne sait pas sur moi.

30 Maintenant, elle me regarde avec ses yeux incroyables :

Below, the river is like a black snake crossing the valley.

"I like you, Sam," says Valentina without looking at me. "I like you a lot."

Valentina takes me by surprise with her words and I don't know what to say.

"Well thank you…" I say but I immediately feel stupid. *Thank you…*

What I want to say to Valentina is that I like her too but I can't find the words to say…

"It's just that, Valentina. I really like being with you…but…"

I hesitate before saying: "I don't know who I am and…and I am afraid that there are things we don't know about me."

Now she looks at me with her incredible eyes:

— Je sais qui tu es, Sam. Tu es une personne drôle, gentille et courageuse.

"I know who you are, Sam. You are a funny, friendly and brave person.

5 Personne n'ose affronter Ivan et ses amis. Tout le monde a peur d'eux et son père est très dangereux... Mais toi... tu l'as fait.
10

No one dares to confront Ivan and his friends.
Everyone is afraid of them, and his father is very dangerous… But you… you did it."

— Pourquoi les gens ont-ils peur d'eux ? Je lui demande.

"Why is everyone afraid of them?" I ask.

15 — Parce que ce ne sont pas des gens bien, répond Valentina. Ils sont... mauvais... des criminels... et son père est... un gangster... Il a un tatouage de
20 serpent sur le cou... Tu dois l'éviter.

"Because they are not good people," answers Valentina. "They're…evil…criminals and his father is…a gangster… He has a snake tattoo on his neck… You must avoid him."

En écoutant les mots de Valentina, une idée me vient à
25 l'esprit :

Listening to Valentina's words, an idea occurs to me:

— Des voleurs ? Je lui demande.

"Thieves?" I ask her.

30 — Ça aussi, dit Valentina en me fixant toujours.

"As well," says Valentina still staring at me.

Peut-être que ce sont eux les voleurs : Ivan et sa bande de criminels ? Je me demande.

Perhaps they are the thieves – Ivan and his gang of delinquents? I wonder.

5 Mais alors je me souviens tout de suite des deux mille euros et de la carte de crédit dans mon portefeuille.

But straight away, I remember the two thousand euros and the credit card that are in my wallet.

10 Je reste silencieux et je ne dis rien. Qu'est-ce que je peux dire ?

I stay silent and don't say anything. *What can I say?*

Cette fille est sensationnelle et elle pense que je suis drôle et
15 courageux, mais je pense que je suis un voleur ou même pire...

This girl is sensational and she thinks that I'm funny and brave but I think I may be a thief or even something worse.

Valentina se rapproche de moi.

Valentina draws closer to me.

20 Qu'est-ce qu'elle fait ?

What is she doing?

Ma bouche est proche de la sienne et je sens la chaleur de son souffle. Je peux sentir mon
25 cœur battre.

My mouth is close to hers and I feel the heat of her breathing. I can feel my heart beating.

Je me prépare... Elle va m'embrasser ! Et... et... et... Un téléphone sonne !
30

I prepare myself...*She's going to kiss me!*...and...and...and... A phone rings!

Quelle malchance ! Je n'arrive pas à le croire !

How unlucky! I cannot believe it!

— Je suis désolée, dit Valentina en sortant son téléphone. Je dois répondre. C'est Joanna.

"Sorry," says Valentina taking out her phone. "I have to answer. It's Joanna."

5 Valentina parle à l'Allemande pendant que je me demande si j'ai raté l'occasion de l'embrasser.

Valentina speaks to the German girl while I am left wondering if I've lost the opportunity to kiss her.

10 Lorsqu'elle termine l'appel, elle me regarde et me dit :
— Nous devons y aller. Yuki et Joanna ont quelque chose d'important à nous montrer.

When she ends the call she looks at me and says: "We have to go. Yuki and Joanna have something important to show us."

15

Quand nous arrivons à Virelangues, l'école de langues, Yuki et Joanna nous attendent. Elles nous voient et courent
20 vers nous.

When we arrive at Virelangue, the language school, Yuki and Joanna are waiting for us. They see us and run towards us.

— Quoi de neuf, les filles ? Valentina demande à Yuki et Joanna. Qu'est-ce que vous
25 avez ? Qu'est-ce qu'il y a de si important ?

"What is it, girls?" Valentina asks Yuki and Joanna. "What have you got? What is so important?"

Yuki sort son téléphone.

Yuki takes out her phone.

30 — Regarde, Sam... Tu sais que j'aime faire des vidéos avec mon téléphone portable ?

"Look, Sam…You know I like filming things with my phone?"

— Oui, oui, je me souviens, mais qu'est-ce qu'il y a sur la vidéo ? je demande.

Yes, yes, I remember but "what's on the video?" I wonder.

5 — J'ai vu quelque chose. Quelque chose de surprenant...

"I saw something. Something surprising…"

La Japonaise me regarde fixement et je suis sûr qu'elle
10 va dire qu'elle a vu le voleur et que *je suis* le voleur.

The Japanese girl stares at me and I'm sure she is going to say that she's seen the thief and that *I am* the thief.

Je peux être le délinquant... un criminel ? « Je suis drôle et
15 courageux », selon Valentina.

Can I really be the delinquent ...a criminal? I am funny and brave, Valentina said so.

Je me souviens de nouveau de la carte de crédit que j'ai dans mon portefeuille.
20

I remember again the credit card I have in my wallet.

En vérité, je ne suis pas courageux, je suis un criminel. Je suis un voleur.

The truth is that I am not brave, I am a criminal.
I am a thief.

25 Je panique pendant que Yuki cherche la vidéo...

I start to panic as Yuki looks for the video.

— Regarde Hassan qui chante... dit la Japonaise.
30

"Look at Hassan singing…" says the Japanese girl.

Nous regardons tous la vidéo avec grand intérêt.

We're all watching the video with keen interest.

La vidéo commence avec Hassan qui chante et joue de la guitare. Il chante bien, je me dis.

— Et maintenant les garçons arrivent... dit Yuki.

— Maintenant, pendant que les garçons se battent, vous voyez la vieille dame - la sans-abris de la place - elle arrive....

Lentement, la vieille femme de la place apparaît dans la vidéo. Elle a l'air de ramasser des ordures.

Pourquoi on la regarde, je me demande.

Dans la vidéo, je vois l'ami d'Ivan aboyer sur Hassan et la vieille dame passer derrière eux et...
— Elle vole des sacs et les met dans son chariot ! Je crie de soulagement.

C'est elle la voleuse !

— La vieille dame de la place est la voleuse et... je dis sans le vouloir :

The video starts with Hassan singing and playing the guitar. *He sings well*, I think.

"And now the boys arrive…" says Yuki.

"Now, while the boys are fighting, look at the old lady – the homeless lady of the square – arrives…"

Slowly the old lady of the square appears in the video. It looks like she's collecting rubbish.

Why are we watching her? I wonder.

In the video, I see Ivan's friend shouting at Hassan and the old lady walks behind them and…
"She's stealing bags and putting them in her trolley!" I shout, relieved.

She is the thief!

The old lady of the square is the thief and…I say unintentionally:

— Je ne suis pas le voleur !

"I am not the thief!"

Yuki, Joanna et Valentina me regardent.

Yuki, Joanna and Valentina look at me.

5

— Quoi ? Elles disent ensemble.

"What?" they say together.

Embarrassé, je ne sais pas quoi
10 dire et je change de sujet :
— Nous devons montrer la
vidéo à ton oncle Victor, je dis
enfin.

Embarrassed, I don't know what to say and change the subject. "We have to show the video to your Uncle Victor," I say at last.

15 Valentina et Yuki se regardent.
Elles pensent à quelque chose.

Valentina and Yuki look at each other. They are thinking something.

Enfin, Valentina nous dit :
20 — Que crois-tu que la vieille
dame fait avec l'argent qu'elle
vole ?

In the end, Valentina says to us "What do you think the old lady does with the money she steals?"

— Acheter de la nourriture,
25 probablement, je réponds
honnêtement.

"Buy food, probably," I answer honestly.

— Et les touristes, comme la
femme russe, qui ont été
30 volés ?

"And the tourists, like the Russian lady, whom she robbed?"

— Eh bien, peut-être acheter
des bêtises... des bijoux... de
l'or...

"Well, possibly, buy silly things...jewels...gold..."

— Et donc ? Elle me regarde droit dans les yeux. Je la comprends.

"And therefore?" she stares into my eyes. I understand her.

5 Les touristes n'ont pas besoin d'autant d'argent et la vieille dame a besoin de manger.

The tourists don't need all that money and the old lady needs to eat.

Nous allons parler avec la
10 vieille dame pour qu'elle ne recommence pas, mais nous n'allons rien dire à Victor.

We go to speak with the old lady so she stops doing it, but we aren't going to say anything to Victor.

De toute façon, je n'ai pas envie
15 de retourner au commissariat, alors Valentina et moi choisissons de marcher jusqu'à la place.

In any case, I have no desire to return to the police station, so Valentina and I choose to walk to the square.

20 — Une chose, Sam, dit-elle, pourquoi as-tu dit « Je ne suis pas le voleur » ?

"One thing, Sam," she says, "why did you say 'I'm not the thief?'"

Je la regarde et ses yeux
25 m'envoûtent. Je lui explique tout. De l'argent dans mon portefeuille à la carte de crédit qui ne porte pas mon nom.

I look at her and her eyes cast a spell on me. I explain everything. From the money in wallet to the credit card which isn't in my name.

30 Je sors tout pour lui montrer.

I take it all out to show her.

— Tu vois ? Je dis. Pourquoi j'ai tant d'argent et une carte avec le nom de quelqu'un d'autre dessus ?

5

— Fais voir, dit-elle avec intérêt en sortant la carte. Ça me dit quelque chose. Ce n'est pas le nom d'une personne, je
10 pense que c'est le nom d'une entreprise...

Nous arrivons sur la place et je vois la vieille dame assise sur
15 un banc avec son chariot.

Nous nous approchons lentement. Je ne sais pas ce qu'elle va faire.
20

— Madame... dit Valentina. On peut vous parler ?

La vieille dame ne répond pas.
25

— Madame ? Valentina répète. Nous sommes des amis. Nous ne voulons pas vous déranger.

30 Elle nous regarde de travers mais ne répond pas.

"You see?" I say to her. "How come I have so much money and a card with someone else's name?"

"Let me see," she says intrigued as I pull out the card. "It sounds familiar. It's not the name of a person, I think it's the name of a business…"

We arrive at the square and I see the old lady sitting on a bench with her trolley.

We approach slowly. I don't know what she is going to do.

"Ma'am…" says Valentina. "Can we speak with you?"

The old lady doesn't answer.

"Ma'am?" repeats Valentina. "We are friends. We don't want to bother you."

She glances at us but doesn't answer.

— Madame, nous savons ce que vous faites. Vous volez les sacs des touristes.

"Ma'am, we know what you are doing. You steal tourists' bags."

5 La vieille dame se lève en colère et attrape son chariot. Elle me regarde et marmonne :
— M-mais je te connais, petit ! Tu es le garçon qui a eu un
10 accident avec la voiture verte hier !

The old lady stands up angrily and grabs her trolley. She looks at me and stutters: "B-but I know you, young man! You're the boy who had the accident with the green car yesterday!"

— Oui, oui, c'est moi, je vais bien maintenant. Mais la vieille
15 dame m'interrompt.

"Yes, yes, that's me, but I'm okay now—" But the old lady interrupts me.

— J'ai quelque chose à toi dans mon chariot...

"I have something of yours in my trolley…"

20 Valentina me regarde et dit :
— On doit y aller... Mais je veux savoir de quoi parle la vieille dame.

Valentina looks at me and says, "We have to go…" but I want to know what the old lady is talking about.

25 — Qu'avez-vous, madame ?

"What have you got, Ma'am?"

Elle m'ignore mais continue à marmonner, plus animée maintenant :

She ignores me but she's still mumbling something, more animated now:

— Il y avait un homme avec toi, cet homme avec le tatouage de serpent... Et puis la voiture verte est arrivée et badaboum !
5 Elle t'a fait tomber par terre...

— Quel homme ?

Je ne pensais pas que quelqu'un
10 avait vu mon accident.

— Albert... dit doucement Valentina.

15 Mais la vieille dame ne répond pas. Elle cherche quelque chose dans son chariot.

— J'ai trouvé ça par terre...
20 elle dit, après l'accident.

Elle me tend quelque chose qui ressemble à un morceau de papier. Je le regarde et je vois
25 que ce n'est pas un morceau de papier. C'est une vieille photo. La photo d'une jeune femme.

— C'est ta petite amie ?
30 Valentina demande soudainement, mais je secoue la tête.

"There was a man with you, that man with the snake tattoo…and then the green car came and – wham – it knocked you down."

"What man?"

I hadn't thought that someone had seen my accident.

"Albert…" says Valentina quietly.

But the old lady doesn't answer me. She's looking for something in her trolley.

"I found this on the floor…" she says, "after the accident."

She gives me something that looks like a slip of paper. I look at it and see that it isn't a slip of paper. It's an old photo. A photo of a young woman.

"Is that your girlfriend?" asks Valentina all of a sudden, but I shake my head.

La photo est vieille et décolorée.	The photo is old and discoloured.
Ce n'est pas ma petite amie, mais je ne sais pas qui elle est.	It's not my girlfriend, but I don't know who it is.
Je regarde la vieille dame et je dis : « Merci. »	I look at the old lady and I say, "thank you."
Elle ne me regarde pas mais elle dit : — J'étais danseuse, tu sais ? Mon nom est Paulette... Et jeune homme... fais attention. L'homme au tatouage est très dangereux, elle me dit.	She doesn't look at me but she says: "I was a dancer, you know? My name is Paulette …" And young man…take care. The man with the tattoo is very dangerous," she says to me.
J'essaie de répondre mais elle part avec son chariot.	I try to reply but she leaves with her trolley.
Le dos de la photo est taché mais il y a un nom. On ne peut pas le voir clairement mais ça semble dire : « Lorena ».	The back of the photo is stained but there is a name. I can't see very well what it says but it looks like, "Lorena."
— Qu'est-ce que cela signifie ? Je demande à Valentina. Et pourquoi je parlais à Albert ? Je ne le connais pas...	"What does it mean?" I ask Valentina. "And why was I talking to Albert? I don't know him…"
Elle prend la photo et répond un peu en colère :	She takes the photo and answers a little annoyed:

 THE LANGUAGE GYM

— Je n'en ai aucune idée, mais maintenant je pense que nous devons rentrer à la maison.

"I have no idea, but now I think we need to go home."

CHAPTER 6

Sam rentre à l'auberge, mais il y a quelque chose qui ne va pas

Lorsque j'arrive à l'Auberge de Saint-Sernin, je suis vraiment fatigué et confus.

When I arrive at Auberge de Saint-Sernin, I am really tired and confused.

5 Il y a une voiture verte dehors - une voiture verte ! - mais il est minuit, je suis épuisé et, pour aujourd'hui, je ne veux plus d'aventures.

Outside there is a green car – a green car! – but it's midnight, I'm exhausted and, for today, I don't want any more adventures.

10

Ce doit être simplement une autre voiture verte.

It must be simply another green car.

Il n'y a personne à la réception.
15 Valentina dit qu'elle doit aller chercher son frère qui travaille aussi à l'auberge.

There is no one in reception. Valentina says she has to go and look for her brother who also works at the inn.

— Tu as faim ? Elle me
20 demande sans prêter attention, mais je veux juste dormir.

"Are you hungry?" she asks me without paying attention, but I just want to sleep.

Cela a été une autre journée épuisante. Hier, j'ai eu un
25 accident, ce matin j'ai eu une histoire avec la police et maintenant, je trouve une photo mystérieuse.

It has been another exhausting day. Yesterday I had an accident, today in the morning I had an adventure with the police and now, I have found a mysterious photo.

30 Je n'en peux plus.

I can't take any more.

J'ai besoin de dormir.

I need to sleep.

Je dis bonne nuit à Valentina et j'attends un moment pour voir si elle me donne un baiser, mais non, elle travaille maintenant.

5

Je monte les escaliers jusqu'à ma chambre. La chambre numéro treize.

10 Je suis fatigué et un peu triste.

Je pense au visage de Valentina, à sa bouche si douce, à l'odeur enivrante de
15 son parfum, mais tout ça... c'est du passé maintenant.

Quel dommage !

20 Il n'y a personne dans le couloir mais la porte de ma chambre est ouverte. Hassan a probablement oublié de la fermer.
25

Je m'approche de la porte. La lumière est éteinte. Je ne veux pas l'allumer parce que Hassan doit dormir.
30

À l'intérieur, ça empeste la sueur. Je ne peux rien voir.

I say goodnight to Valentina and wait for a moment to see if she'll give me a kiss, but no, now she is working.

I go up the stairs towards my room. Room number thirteen

I am tired and a little sad.

I think of Valentina's face, her sweet mouth and the heady aroma of her perfume but everything…everything is in the past now.

What a shame!

There is no one in the corridor but the door to my room is open. Hassan probably forgot to close it.

I approach the door. The light is off. I don't want to turn it on because Hassan must be asleep.

It stinks of sweat inside. I cannot see anything.

Petit à petit, mes yeux s'ajustent à l'obscurité. Tout est en désordre.	Little by little my eyes adjust to the darkness. Everything is messy.
5 Plus qu'en désordre, c'est tout chamboulé.	More than messy, everything is turned upside down.
Je regarde vers le lit d'Hassan et il n'est pas là. J'allume la 10 lumière et je vois que mon sac de voyage, mes vêtements et mes papiers sont partout.	I look over at Hassan's bed and he's not there. I turn on the light and see that my travel bag, my clothing and my papers are all over the place.
Je m'arrête et je me demande, 15 « Que se passe-t-il ? »	I stop and ask myself, "*what is happening?*
Quelqu'un cherche quelque chose ?	*Someone is looking for something.*
20 Mais qui ?	*But who?*
Et que veulent-ils trouver ?	*And what do they want to find?*
Je tourne la tête et un frisson 25 parcourt mon corps. Il y a un message écrit sur le mur à la peinture rouge.	I turn my head and a shiver runs through my body. On the wall there is a message written in red paint.
Un message furieux et 30 menaçant :	An angry and threatening message:
RETOURNE DANS TON PAYS !!!	"GO BACK HOME!!!"

Printed in Great Britain
by Amazon

38158743R00040